AF588011

دار جامعة حمد بن خليفة للنشر
صندوق بريد 5825
الدوحة، دولة قطر

www.hbkupress.com

اختبر وتعلّم مع البيض

La science est dans L'OEUF

Text Copyright © *Cecile Jugla et Jack Guichard*
Illustrations Copyright © *Laurent Simon*.
Copywrite 2019 by Edition NATHAN, SEJER, Paris-France
Edition Original: La science est dans *l'oeuf*.

جميع الحقوق محفوظة.

لا يجوز استخدام أو إعادة طباعة أي جزء من هذا الكتاب بأي طريقة دون الحصول على الموافقة الخطية من الناشر باستثناء حالة الاقتباسات المختصرة التي تتجسد في الدراسات النقدية أو المراجعات.

الطبعة العربية الأولى عام 2020
دار جامعة حمد بن خليفة للنشر

الترقيم الدولي: 9789927141454

تمت الطباعة في بيروت، لبنان

مكتبة قطر الوطنية بيانات الفهرسة – أثناء – النشر (فان)

جو غلا، سيسيل، مؤلف.

[Science est dans l'œuf]. Arabic

اختبر وتعلم مع البيض / تأليف سيسيل جو غلا، جاك غيشارد ؛ رسوم لوران سيمون. – الطبعة العربية الأولى. – الدوحة، دولة قطر : دار جامعة حمد بن خليفة للنشر، 2020.

صفحة ؛ سم

تدمك 978-992-714-145-4

1. البيض -- أعمال للأطفال. 2. العلوم -- تجارب -- أعمال للأطفال. أ. غيشارد، جاك، 1946- ب. سيمون، لوران، 1979- رسام.

ج. العنوان.

SF490.3 .J84 2020

202027680940

591.468– dc23

سيسيل جوغلا - جاك غيشارد

رسوم: لوران سيمون

دار جامعة حمد بن خليفة للنشر
HAMAD BIN KHALIFA UNIVERSITY PRESS

سيسيل جوغلا مؤلفة الكتب لليافعين مقتنعة تمامًا بأن المراقبة وإجراء التجارب هما أفضل وسيلتين لمعرفة العلوم واستيعابها، لذلك ابتكرت هذه السلسلة الغنية بالاكتشافات.

جاك غيشارد مبتكر مدينة الأطفال والمدير السابق لمتحف العلوم «قصر الاكتشافات»، يسعى جاهدًا كي يضع كل المبادئ العلمية الأساسية في متناول الأطفال بأسلوب فريد.

ينفذ لوران سيمون رسومات قصص الأطفال واليافعين، ويكتب لهم في بعض الأحيان. يحب الرسم للكتب المتخصصة العلمية وغير العلمية.

اختبر وتعلَّم
مع
البيض

المحتويات

تعرَّف على البيضة

انظر إلى بيضة الدجاجة الموجودة في البراد، وتمعَّن فيها جيدًا.

ما شكلها؟

مربع

مستدير

بيضاوي

مثلث

يصعب وصفها!

ما لونها؟

بيج

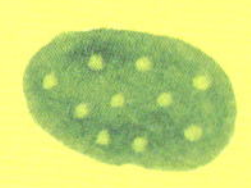
أخضر ببقع صفراء

بنفسجي

مخطط بالأبيض والأسود

أبيض

بني غامق

يختلف لون البيض باختلاف أنواع الدجاج (السلالات)، ونوع غذائها، فهناك بيض لونه أزرق مخضر!

هل هي أثقل من...؟

علبة الزبادي

حبة كيوي

زجاجة ماء

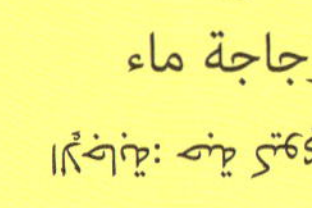

هل ترى أرقامًا وحروفًا مكتوبة على قشرة البيضة؟

رأيتها؟ الرقم الأول من الرمز يدلُّ على طريقة تربية الدجاج .

0 و1: الدجاج تربَّى في الهواء الطلق، وهذا أفضل.

2 و3: الدجاج تربَّى في الأقفاص، وهذا ليس جيدًا!

صالحة لغاية: تاريخ الاستهلاك الموصى به.

المصدر: 1
الإنتاج: 01/7
ة لغاية: 28/7

مواصفات قشرتها

صلبة

ملساء

لينة

لزجة

يكسوها الوبَر

جافة

فيها نتوءات صغيرة

يعلق القش بها

هل تستطيع أن توقف البيضة على رأسها؟

رائع! لقد حصلت على بعض المعلومات عن البيضة. سارع بقلب الصفحة كي تعرف المزيد عنها!

ماذا يوجد داخل البيضة؟

أمر لا يصدَّق!

لكي ينتج الدجاج بيضًا قشرته صلبة جدًّا، يمكن وضع أصداف المحار المطحونة في غذائه.

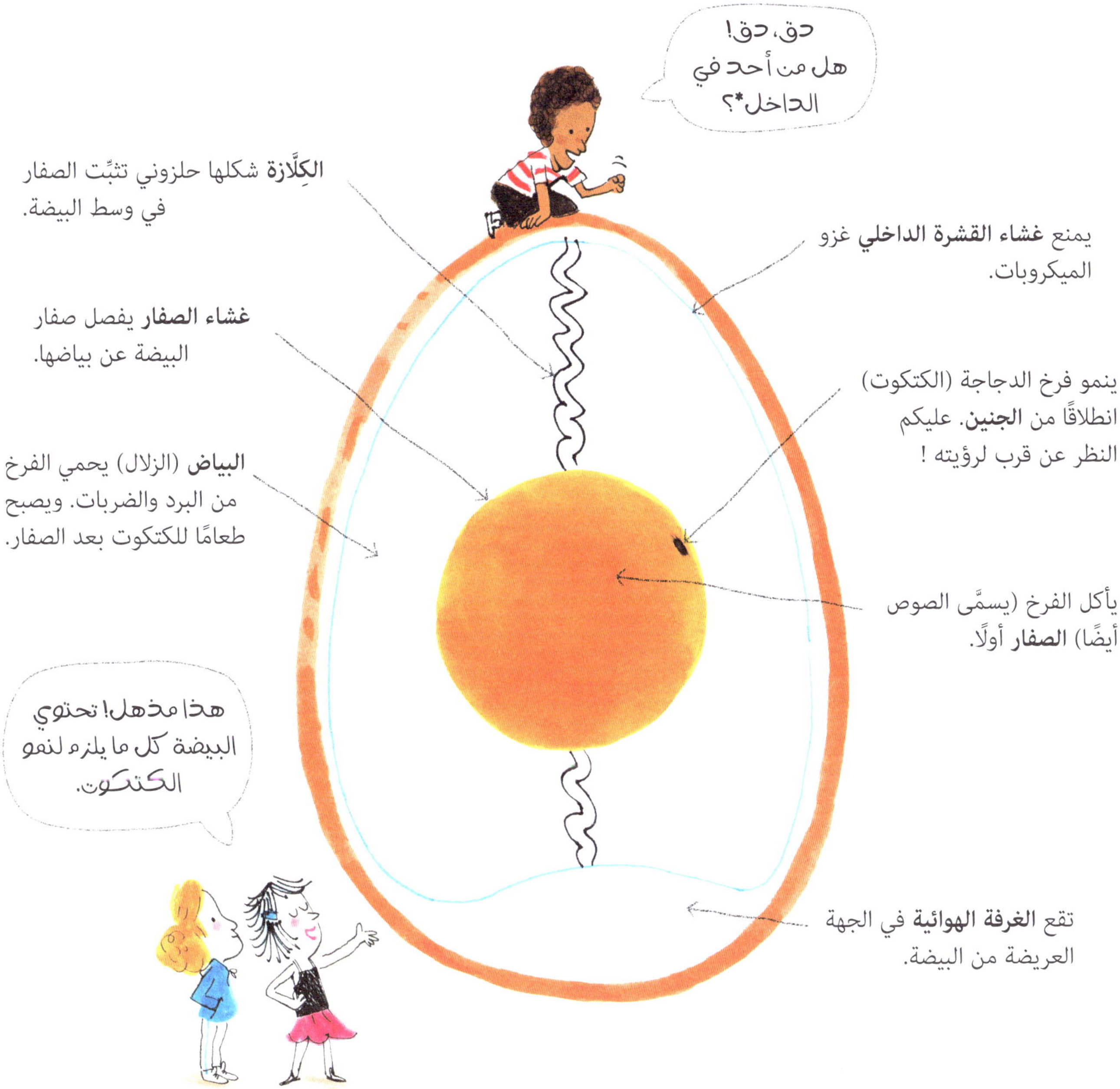

دق، دق!
هل من أحد في
الداخل*؟

الكِلّازة شكلها حلزوني تثبِّت الصفار
في وسط البيضة.

يمنع **غشاء القشرة الداخلي** غزو
الميكروبات.

غشاء الصفار يفصل صفار
البيضة عن بياضها.

ينمو فرخ الدجاجة (الكتكوت)
انطلاقًا من **الجنين**. عليكم
النظر عن قرب لرؤيته !

البياض (الزلال) يحمي الفرخ
من البرد والضربات. ويصبح
طعامًا للكتكوت بعد الصفار.

يأكل الفرخ (يسمَّى الصوص
أيضًا) **الصفار** أولًا.

هذا مذهل! تحتوي
البيضة كل ما يلزم لنمو
الكتكوت.

تقع **الغرفة الهوائية** في الجهة
العريضة من البيضة.

* لا يوجد فرخ داخل هذه البيضة، فهي من دجاجة
تربَّت في القفص بدون ديك!

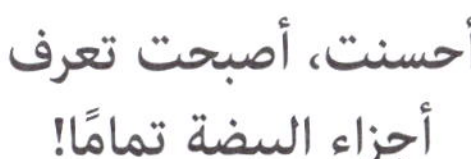

أحسنت، أصبحت تعرف
أجزاء البيضة تمامًا!

اختبر قوة البيض

اقطع المخروطين الناقصين في وسط علبة البيض.

كلاك!

لماذا تتحمل قشرة البيضة الضغط

قشرة البيضة خفيفة الوزن، فلا تزن أكثر من قطعة سكر!

إنَّها مكونة من قطع صغيرة من **الكريستال الجيري** المتصلة ببعضها بعضًا. وتشكل **قِبابًا** داخل القشرة...

أمر لا يصدَّق!

مشى رجل يزن 117 كيلوغرامًا فوق البيض دون أن يكسره.

...تشبه **قناطر** الجسر الذي يحمل وزن الأحجار.

يا لك من عبقري! لقد اكتشفت للتو مقاومة المواد ذات الشكل البيضاوي.

هل من ثقوب في قشرة البيضة؟

كيف نتأكد من أن الهواء يخترق قشرة البيضة؟

خذ بيضة نيئة...

... وضعها في كوب من الماء الساخن مع ملعقة.

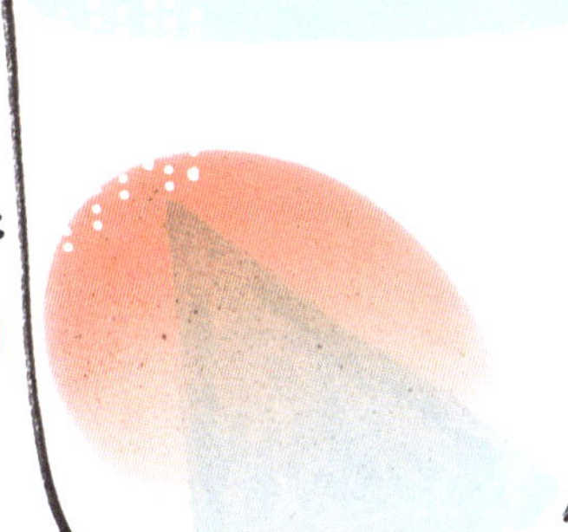

هذا مدهش، الفقاعات تخرج بكثرة من الجهة العريضة للبيضة.

إنها فقاعات الهواء التي تخرج من الغرفة الهوائية.

لماذا تخرج فقاعات الهواء من الغرفة الهوائية؟

بسبب الحرارة! تحتاج العناصر المجهرية التي تكوِّن الهواء للمزيد من المساحة، ولذلك تخرج من ثقوب القشرة.

أنت مَلِك هذه التجربة! فقد اختبرت مسامية البيضة!

كم عمر البيضة؟

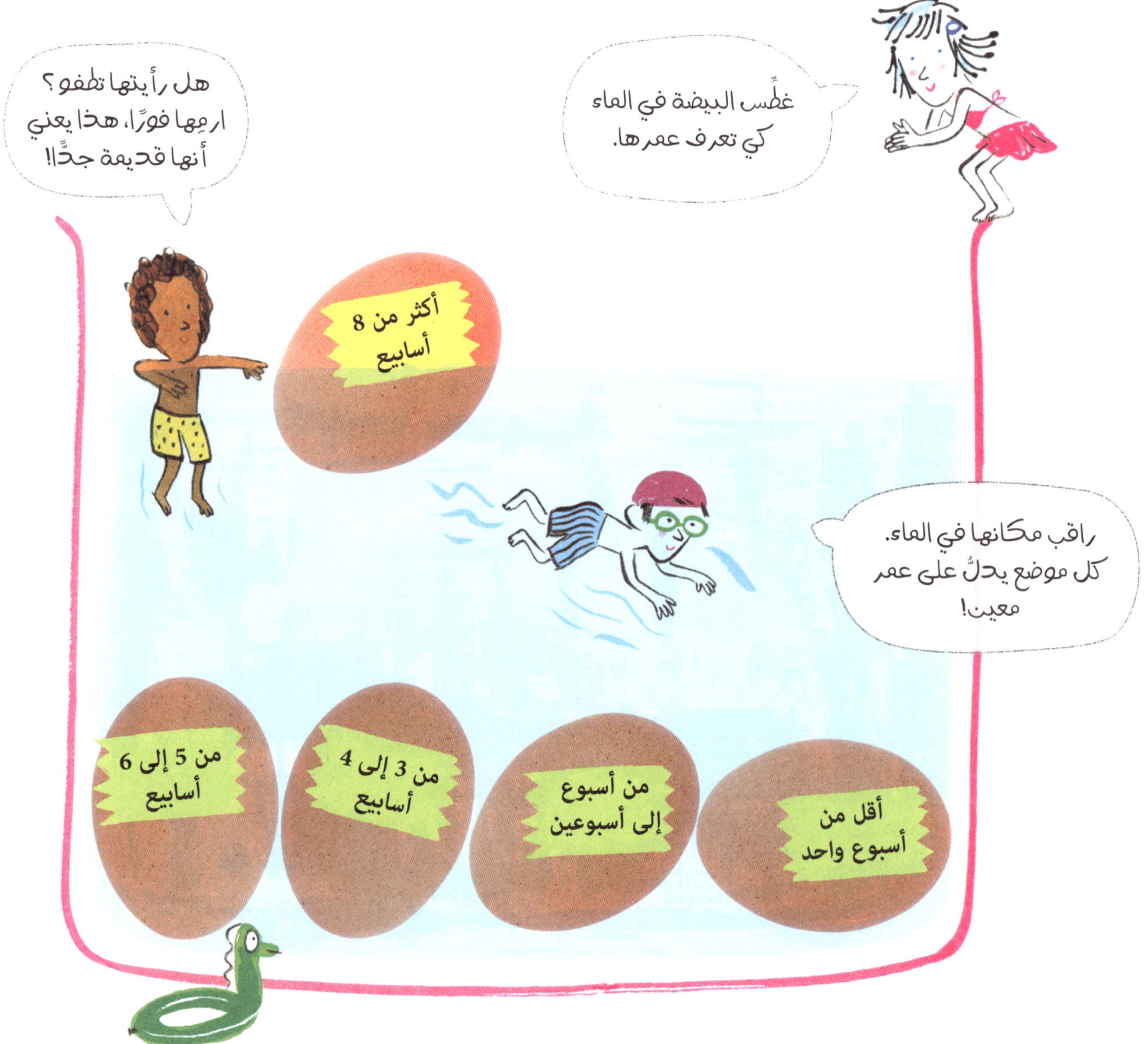

لماذا تطفو البيضة القديمة فوق الماء؟

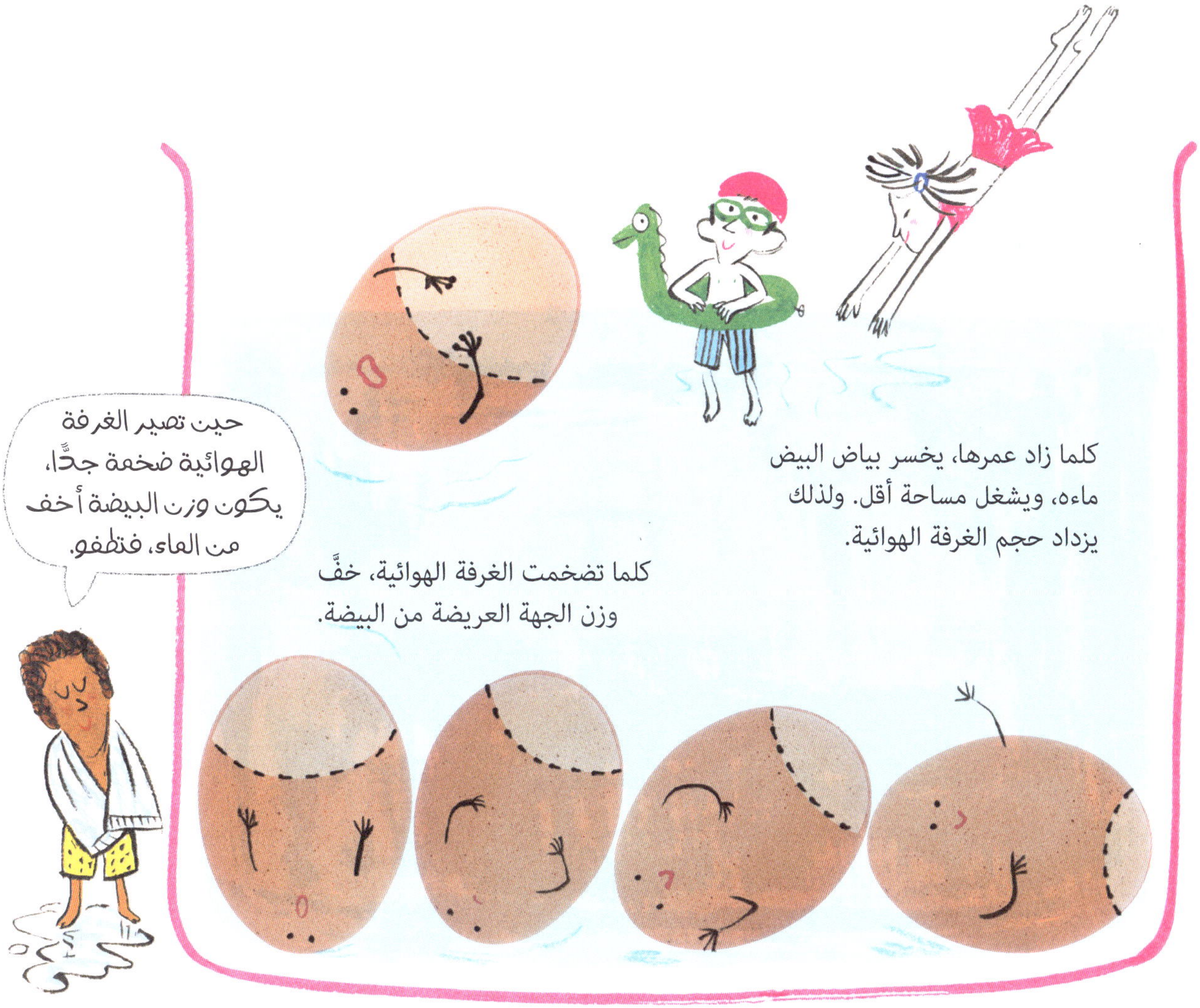

كلما زاد عمرها، يخسر بياض البيض ماءه، ويشغل مساحة أقل. ولذلك يزداد حجم الغرفة الهوائية.

حين تصير الغرفة الهوائية ضخمة جدًّا، يكون وزن البيضة أخف من الماء، فتطفو.

كلما تضخمت الغرفة الهوائية، خفَّ وزن الجهة العريضة من البيضة.

لم يعد مبدأ أرخميدس عن قوة الطفو سرًّا بالنسبة لك.
صرت تعرف لماذا تطفو البيضة القديمة...

اسلق بيضة

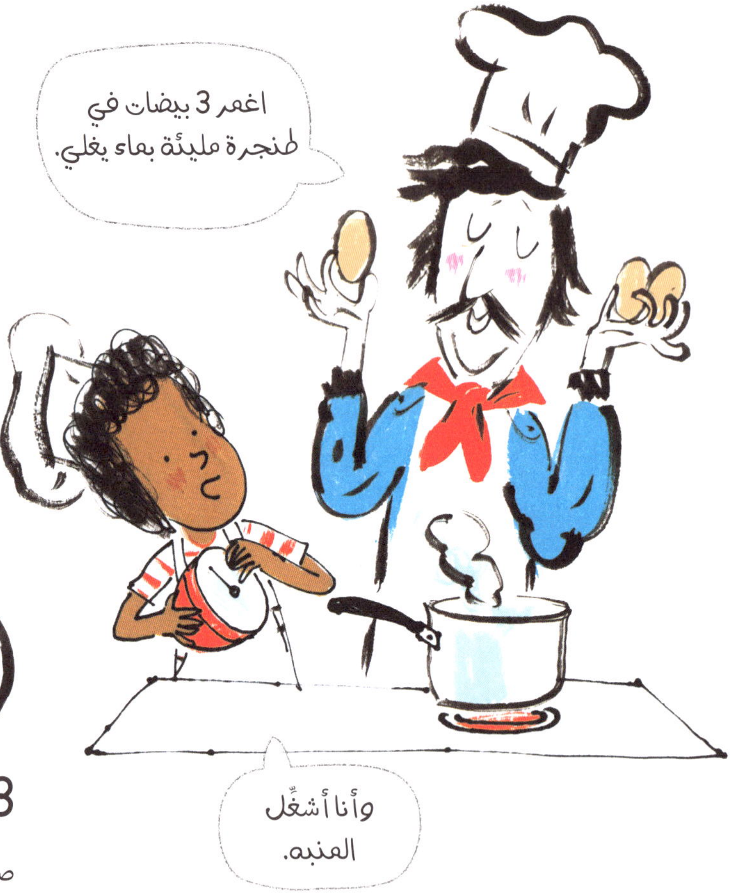

اغمر 3 بيضات في
طنجرة مليئة بماء يغلي.
وأنا أشغِّل
المنبه.

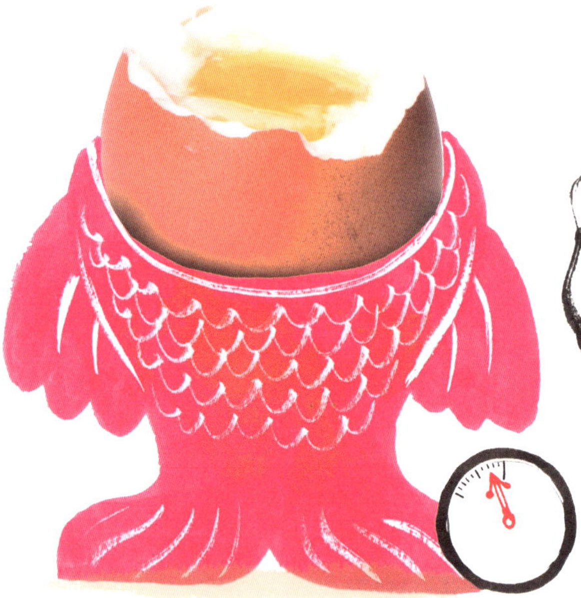

3 دقائق: البيضة تبقى نيئة

صفار البيضة وبياضها سائلان.

كيف يُطهى البيض؟

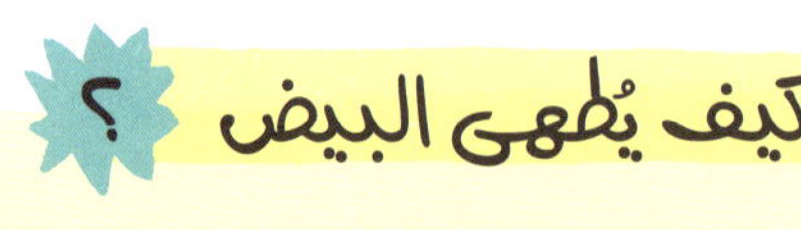

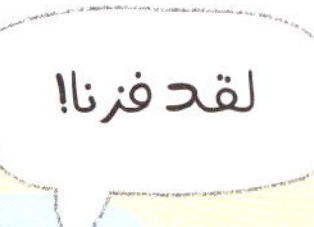

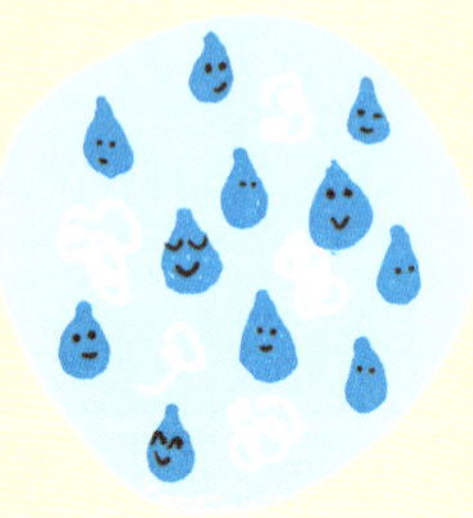

عند درجة حرارة الغرفة، يكون بياض البيض الذي يتكون من كمية كبيرة من الماء، **سائلًا**. ويحتوي على عناصر مجهرية أخرى متلاصقة جدًّا.

لقد فزنا!

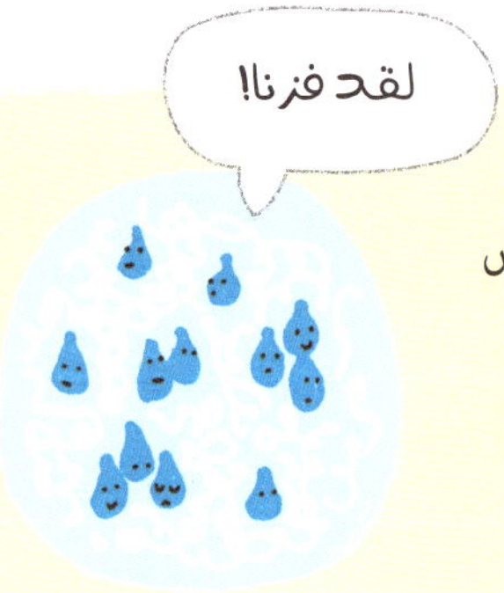

عند التعرض للحرارة، تتمدد هذه العناصر وتشكل شبكة تحبس الماء. ويصير بياض البيض **جامدًا**... أو صلبًا.

5 دقائق: البيضة لا تزال رخوة (برشت)

صفار البيضة سائل وبياضها جامد.

10 دقائق: البيضة المسلوقة تنضج

صفار البيضة وبياضها جامدان.

في الحياة، يفضل عدم الاستعجال!

والأمر سيان بالنسبة للصفار، إلا أنه بحاجة لمزيد من الوقت كي ينضج!

عرفت الآن كيف تحوِّل الحرارة البيضة من حالة سائلة إلى حالة جامدة. تهانينا لك!

البيضة تلفُّ وتدور

ها هي البيضة **النيئة**، صفارها وبياضها السائلان يبطئان حركتها.

وها هي البيضة **المسلوقة**، بياضها وصفارها المتماسكان **لا يكبحان** سرعة دورانها!

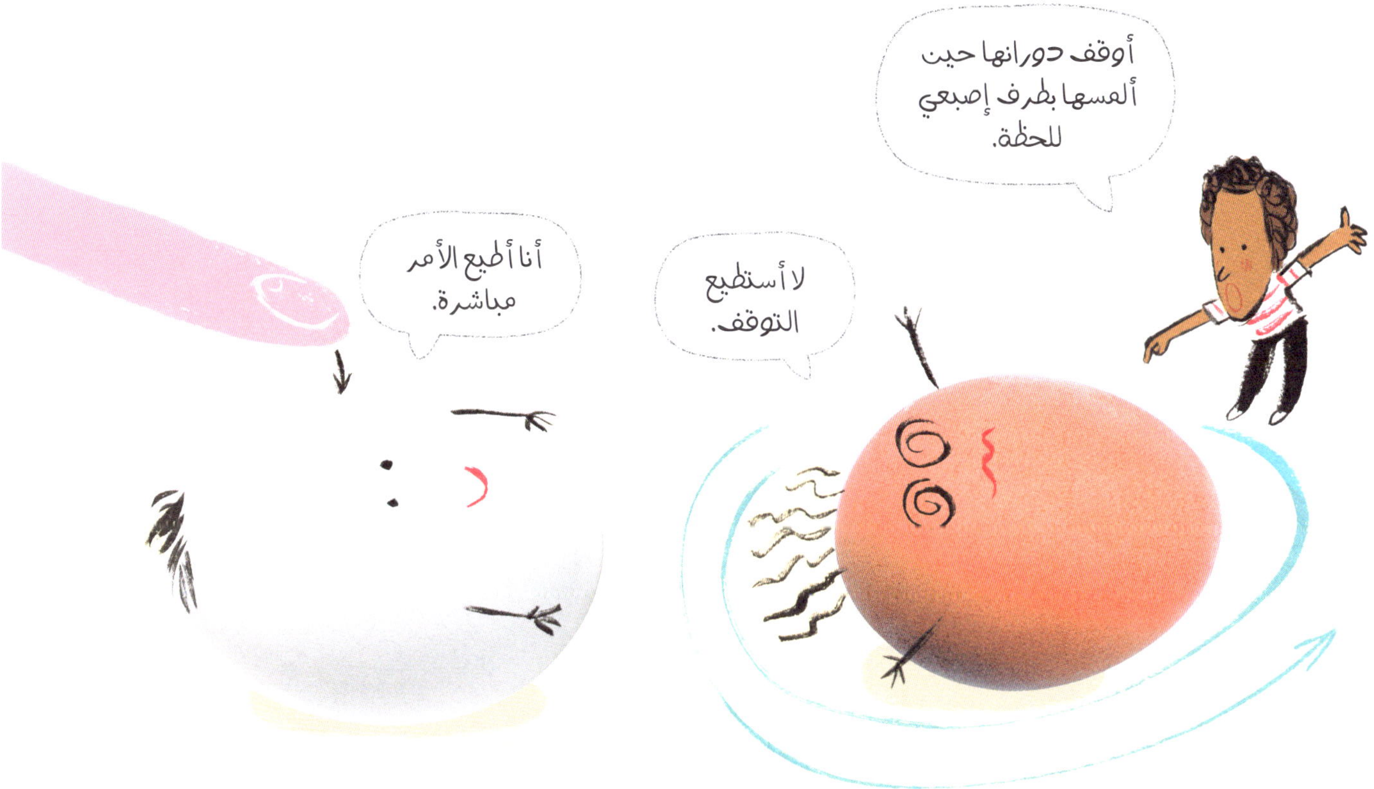

أوقف دورانها حين
ألمسها بطرف إصبعي
للحظة.

لا أستطيع
التوقف.

أنا أطيع الأمر
مباشرة.

حين نلمس قشرة **البيضة النيئة**، تواصل السوائل داخلها **الدوران**، وتدور القشرة معها بالطبع، وهذا يسمَّى القصور الذاتي!

وحين نلمس قشرة **البيضة الصلبة**، فإن الكتلة المكوِّنة للصفار والبياض الملتصقة بالقشرة **تتوقف** عن الدوران تمامًا.

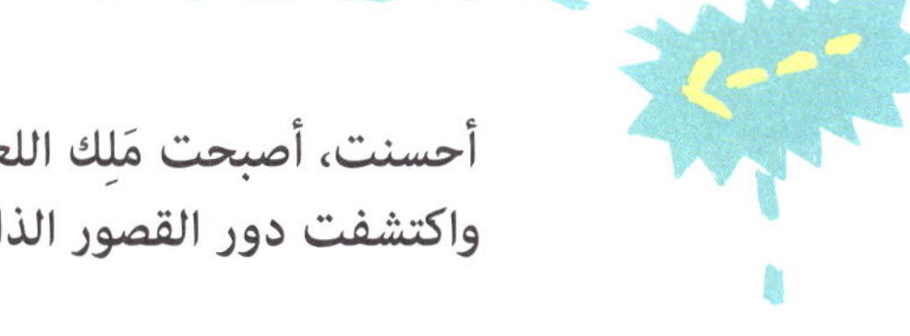

أحسنت، أصبحت مَلِك اللعبة،
واكتشفت دور القصور الذاتي.

قشرة البيضة تختفي!

ما سبب وجود هذه الفقاعات؟

قشرة البيضة مكوَّنة من الكلس مثل الطبشورة. ويعمل حِمْض الخل على نخر كلس القشرة أو تذويبه. وينتج عن التقاء هاتين المادتين تفاعلًا كيميائيًّا، فتُصدر فقاعات من ثاني أكسيد الكربون.

كيف يكون حال البيضة بعد مرور 24 ساعة 

تختفي قشرة البيضة؛ تصبح **ليِّنة وأكبر حجمًا** من بيضة بقشرتها. لأنها «شربت» الخل.

يا لحالي! صرت عارية تمامًا!

ألا تستحي هذه البيضة!

صار الغشاء المحيط بها قويًّا و... **مطاطيًّا!**

اجعل البيضة تقفز!

يا لك من فاشلة، لا تقفزين!

انظروا قفزتي!

انتبه! تنكسر البيضة إن رميتها من علو يزيد عن 20سم!

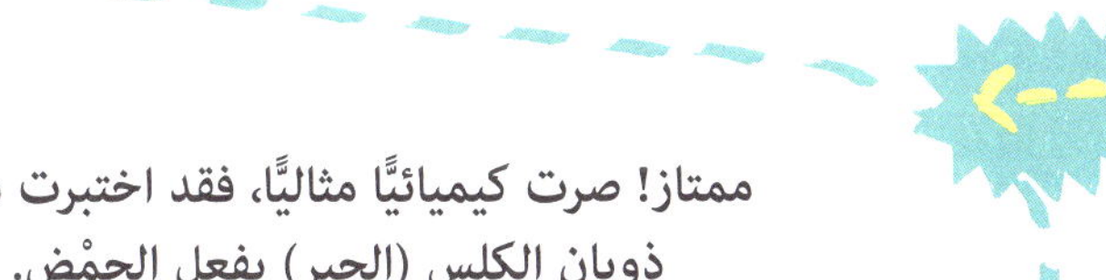

ممتاز! صرت كيميائيًّا مثاليًّا، فقد اختبرت مبدأ ذوبان الكلس (الجير) بفعل الحِمْض.

أدخل البيضة في زجاجة

لماذا تقفز البيضة ؟

الهواء داخل الزجاجة **يتمدد** بفعل **الحرارة**، فتتباعد العناصر المجهرية التي تكوِّنه وتأخذ المزيد من المساحة، وتدفع البيضة وتجعلها تقفز في الهواء!

معلومة جديدة

لإخراج البيضة من الزجاجة، اطلب من شخص بالغ الإمساك بالزجاجة مقلوبة، وتركها تحت الماء الحار المتدفق من الصنبور.

لماذا تقع البيضة ؟

في الأجواء الباردة، يتقلص الهواء داخل الزجاجة، فتتلاصق العناصر المجهرية التي تكوِّنه وتشغل مساحة أقل. وبفضل شكلها البيضاوي ولأنها مطاطية، تنزلق البيضة في الزجاجة.

أحسنت! بفضل هذه البيضة، تعرفت كيف يتمدد الهواء ويتقلص تحت تأثير الحرارة والبرودة!

اصنع المايونيز

معلومة جديدة

لفصل صفار البيضة عن بياضها بسهولة!

أخرج الهواء من زجاجة عصير صغيرة فارغة مصنوعة من البلاستيك بالضغط عليها.

ضع فوهة الزجاجة المضغوطة على صفار البيضة. خفف الضغط بهدوء وستسحب الزجاجة الصفار.

أمسك القارورة مقلوبة فوق طبق، واضغطها، فسيخرج منها الصفار.

ماذا الذي يحصل بين الماء والزيت؟

عادة، عندما نمزج الماء والزيت معًا، يطفو الزيت بسرعة فوق الماء. إنه سائل لزج أي **مستحلب غير ثابت**.

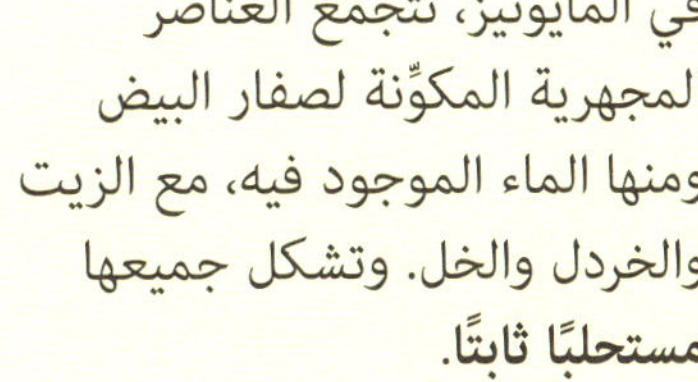

في المايونيز، تتجمع العناصر المجهرية المكوَّنة لصفار البيض ومنها الماء الموجود فيه، مع الزيت والخردل والخل. وتشكل جميعها **مستحلبًا ثابتًا**.

لقد زادت معرفتك قوة، ولم يعد يخفى عليك مبدأ الاستحلاب!

رغوة بيضاء كالثلج

اخفق بياض 3 أو 4 بيضات، إنَّه ينتفخ!

كيف تحول زلال البيض إلى هذا الشكل؟

الأجواء جميلة هنا!

عندما نبدأ بالخفق تدخل فقاعات الهواء إلى البياض، وتشغل مساحة، لذلك **ينتفخ!**

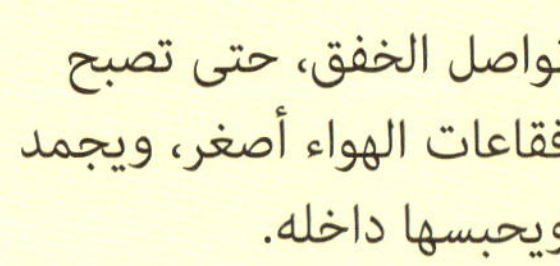

نواصل الخفق، حتى تصبح فقاعات الهواء أصغر، ويجمد ويحبسها داخله.

أصبح الزلال أبيض
ومتماسكًا كالثلج، لذلك
نسميه بياض الثلج!

لقد بات جامدًا،
ولا يمكن لكوب أن
يغوص فيه.

معلومة جديدة

اخفق البياض المخفوق مع القليل من السكر. قسم المزيج إلى قطع مثل الصورة، وأدخلها إلى الفرن. سيتبخر الماء، ويجمد بياض البيض، ونحصل بذلك على حلوى الميرينغ.

يا لك من عالم فذ! لقد اختبرت الشدَّ السطحي و احتباس فقاعات الهواء.